Évelyne Charasse

La chair du soleil

Préface

Que nous dit Évelyne Charasse, lauréate du Grand Prix Poésie RATP 2017 et présente dans diverses anthologies poétiques ? « J'essaye d'écrire des flocons de neige. Chaque jour je pose sur les réseaux sociaux mes petits mots pour faire sourire les jours. » Les petites gouttes de ses averses poétiques me touchent, entre souffrance et amour de la vie, entre nostalgie et espoir, Évelyne nous mène par le bout de la plume et ne cesse de nous rappeler ce qui doit rester important. Légère et sensible, la poésie d'Évelyne Charasse est une douce séduction et contredit Charles Baudelaire : « Sois charmante et tais-toi ! ». Pour notre plus grand plaisir.

Pierre Léoutre

Le cœur claudicant

Quelque part
Un soleil borgne
S'épuise
Il hurle
En silence
Il est nu
Il lutte
Contre
Le vide
Qui l'engloutit

Comment faire
Pour exister
Être au monde
Quand le cri
N'est que
Cendres
Quand
La nuit
Abrite
La nuit

On a beau
À travers
L'espace
Lancer
Des tentacules
Et retourner
Les étoiles
Parfois
Les ailes des papillons
Ne peuvent plus
Bousculer
Le temps

Un incendie
Silencieux
Continue
De détruire
Le ciel
Il s'effrite
Et s'écorche
En tombant
Nul
Ne peut
Retenir
Le souffle
Du vent

Et les paumes
Bleuies
De rêves
N'y peuvent rien
Comment
Ne pas
Éclabousser
Le quotidien
De l'étincelle
Noire
Qui nous porte ?

Guetter
Une aide
Ténue
Venue
Du fond
D'une flaque
Ou se laisser
Tomber
De sa hauteur
De douleur
Sans craindre
La morsure
Du vide

Et voilà
Tout ce qui reste
Le silence
Poussiéreux
D'un cœur
Bâillonné
De statue
Qui tente
De crier
Son envie
De vivre

Au bord
De la falaise
La tentation
De l'envol
Le frémissement
Des ailes bricolées
Et puis
Chuter
Enfin
Et perdre
Tous les mots

La nuit
Se tient
Immobile
Attentive
Aux rêves
Parfois
Elle
Les broie
De ses crocs
Avides

Une part
De soleil froid
Frissonne
Sous les branches
L'air
En tremble
À peine
Soulevant
L'odeur âcre
De l'ombre

Un jour
Les vaisseaux de pierre
Dissimulés
À nos yeux
Murés
Arracheront
Leurs pieds
De leur socle
Et partiront
À la recherche
De leur âme

Parce qu'il y a
Des fracas
D'ailes
Des vols
Arrêtés
Derrière
Le bleu
Du ciel
Et que
Du puits
Sans fin
De la nuit
Remontent
Hagards
Des rêves
Inassouvis

Tout est vain
Le monde
Écorché
Suinte
Sous son masque
Reste
La fragile
Étincelle
Qui tremble
Et qui
Espère

Il manque
Un battement
À mon cœur
J'ai gratté
La neige
Pour qu'elle saigne
Tes secrets
Je serai
Pirate des embruns
À l'abordage
De ton âme

Toi qui dépolis
Les miroirs
Redonne-moi
La clé
Du monde
Car mon amour
Gît
Sous la glace
Du temps

Bien sûr
Je suis là
Entre l'avant et l'après
Juste à cet
Instant là
Toi
Tu te tiens
Là
Où
La vague
Ne s'abat
Jamais

Mon amour
Ne garde
Que la chair
Juteuse
Du soleil
Je t'ai vu
Titubant
Dans la lumière
Juste
Appuyé
Sur ton ombre

Je suis
Prête
Le vent
Se déploie
Il hisse
Ses ailes
Mais
Mon voyage
C'est ta main
Mon ailleurs
Ton regard

La brûlure
Du jour
N'est rien
Quand
Le cœur bat
En claudiquant

Cœur touareg

Cautériser
La plaie
À l'impudeur
Des mauvais jours

Cœur
Oscillo-tapant
Trébuchant
Balançant
À tous les vents
Ses fils d'Ariane

Se repeindre
Se reprendre
Se répandre
Toute de bleu
Vêtue

Trainant
Mon cœur enclume
J'attends
Dans la forge
Des mots

Souffleuse
De vers
En amicale
Compagnie
Du feu

Poser
Le pied
Au sol
Et
Faire
Sourdre
La source

Où sont
Mes petits sabots
De cuir et de bois ?
Ceux-là faits pour moi ?
Où sont-ils ?
Mes pieds sont las

Vivre
C'est un souffle
Qui tremble
Un pas
Qui flanche

Je raccommode
Les mauvais jours
Avec
Du beau fil
D'aplomb

Ma machine
À fabriquer
Les comètes
Fonctionne
À l'énergie pure

À points serrés
À points nommés
Broder
La vie

Prendre
Des oripeaux
En faire
Des merveilles

J'ai volé
À la nuit
L'étincelle
Du feu

Toujours
Prendre
Le bleu
À témoin

Mettre
Au pas
Les heures
Au pas
Dansé

Parfois
Les larmes
Taries
Font
Le lit
D'un renouveau

S'écorcher
Le cœur
Aux souvenirs
Pour hâter
La cicatrisation

Nulle
Recette
Pour passer
De l'ombre
À la lumière

Bousculer
Les étoiles
Qu'elles météoritent
Un peu

Rire
Aux éclats
De verre
Brisé

Et
Si le ciel
Était vide ?
Non
Cela ne se peut

Longtemps
Fétu
De femme
Le vent
M'a faite
Embrun

J'ai le cœur
Touareg
Perclus
De bleu

L'Ogre des jours

Elle dormait
Sur la neige
Et
Son sang
Restait
Sous ses paupières
Closes

Neige
Neige
Pourquoi
Tout ce blanc ?

La neige
Avait
Un goût
De cendres
Mais tombait
Blanche

Par les bois
Et les forêts
Par les récifs
Et les rochers
Par les nuées
Et les vents
Reviendront
Les dieux d'antan

Jours de tristesse
Et de colère
Le sang
Tape aux tempes
Comme
Des volets décrochés
Par un vent
Rageur

Le ciel
Pleurait des pierres
Il ignorait
Pourquoi

Écorce fragile
La peau
Craquelée d'attente
Sous la fragilité
La certitude

Ne crois pas
À la quiétude
De l'Ogre
Il te guette
Il t'attend
Il est là

Le cœur
De la pierre
Vibre tant
Parfois
Qu'il fissure
Les remparts

Repoussant
Les branches
Ils avançaient
Prudemment
Se pensant
À l'abri
De l'Ogre

Le sourire
De l'Ogre
N'est qu'un leurre

Ils sont partis
De nuit
À travers bois
Et futaies
Silencieux
Les yeux embués
De lourdes pierres

J'ai
De la poudre
De cailloux
Dit l'enfant
Parfait
Lui répondit
Le soleil

Au creux
Des flots immobiles
Au centre
Des volcans
Éteints
Germent
Des mots épars
Des mots
Sans racine

Dans la main
De la fillette
Restait
La pointe
De la flèche
Encore chaude
Du sang
De l'Ogre

Ils marchaient
Dans la neige
Blanche
Leurs pas
Rougis de sang

Il arborait
Fièrement
Un sourire
De loup
Ignorant
Qu'il signait
Sa fin

Il brisa
La pierre levée
Pour la réduire
Au silence
Mais
Elle revint
Poussière
Plus forte encore

La force
Du loup
Est immense
Il lui suffit
D'un seul sourire
Pour tout détruire

Sous
Les frondaisons
Sommeillent
Sereins
Des dieux anciens
Bienveillants
Et très patients

Il voulut
Asservir
La pierre
Il ignorait
Que même concassée
La pierre
Reste
Toujours
La pierre

Il marchait
Son cœur
De pierre s'effritait
À chaque pas

Il marchait
Sans but
Ni raison
Par un trou béant
De sa poitrine
S'échappaient
Des flots
De mots

J'ai laissé
Sur la margelle
La trace
De mes mains
Elle s'en souvient
Et sourit
Solidaire

Bibliographie

Je laisserai mes pas sur le sable, Éditions La porte, 2016.

Chats et compagnie, Éditions AetH, 2016.

Baleines et compagnie, Éditions AetH, 2017.

Hiboux et compagnie, Éditions AetH, 2018

Poules et compagnie, Éditions AetH, 2019.

Série enfantine des Timinou aux Éditions AetH, 2020.

L'attente lumineuse, Éditions BOD, 2021.

Édition :
Books on Demand,
12/14 rond-point des Champs Élysées,
75008 Paris, France

Impression : BoD
Books on Demand, Norderstedt, Allemagne

N° ISBN : 9782322411009

Dépôt légal : janvier 2022

www.bod.fr

Photographie de couverture :
Évelyne Charasse
evelyne.charasse@gmail.com

Avec le soutien de Dialoguer en poésie,
département autonome
de l'association Le 122

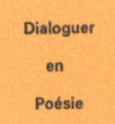